LETTRE
A MONSIEUR
DE CRÉBILLON,
DE L'ACADÉMIE FRANÇOISE,
SUR
LES SPECTACLES
DE PARIS;

Dans laquelle il est parlé du Projet de Réunion de L'Opéra-Comique à la Comédie Italiénne.

A LA HAYE,
Et se trouve
A PARIS,
Chez CAILLEAU, rue S. Jacques, au-dessus de la rue des Noyers, à S. André.

M. DCC. LXI.

LETTRE

A MONSIEUR

DE CRÉBILLON,

DE L'ACADÉMIE FRANÇOISE,

SUR

LES SPECTACLES

DE PARIS;

Dans laquelle il est parlé du Projet de Réunion de l'Opéra-Comique à la Comédie Italienne.

Vous avez donc vû, avec satisfaction, Monsieur, les changemens avantageux qui ont été faits sur nos Théâtres. Peut-être le grand plaisir

A ij

de réformer a-t-il un peu contribué aux heureuses innovations dont vous vous félicitez. Quoi qu'il en soit, la voix de la raison, qu'on dit être si peu impérieuse sur l'esprit humain, s'est fait entendre plus fortement que celle de l'habitude. L'intérêt même, encore plus puissant qu'elle, a cédé à l'amour d'une gloire noble & d'une émulation louable. Des hommes enfin que le préjugé diffame, ont donné un grand exemple de désintéressement & d'ardeur pour l'illustration de leur pays (1).

La postérité ne se persuadera jamais à quel point les abus s'étoient naturalisés & avoient pris force de loi sur nos Théâtres.

(1) On prétend que les Comédiens François perdent considérablement à la suppression des bancs du Théâtre, & qu'elle produit un vuide de soixante mille livres sur leur recette.

Quand les paniers furent inventés, & que cette extravagance fut devenue la parure des Dames Françoises, il étoit essentiel que les Comédiennes, dans les Pieces où elles peignoient les mœurs de la Nation, employassent cet ajustement. Ainsi *Dorimene*, *Cidalise*, *Araminte* & *Bélise* étoient dans l'obligation de le porter. Mais que *Cornélie*, *Andromaque*, *Cléopatre*, *Phedre* & *Mérope* ayent paru vêtues de cette maniere, c'est ce qu'on ne se persuadera jamais qu'en admirant la foule des contradictions que la cervelle humaine se plaît à rassembler.

J'ai toujours vû les rôles de Paysannes joués avec de grands paniers, & l'on auroit crû pécher contre les bienséances en paroissant autrement.

Ce n'est pas tout ; cet usage s'introduisit jusques dans la parure des Héros. Au retour d'une victoire, un Capitaine Grec ou Romain paroissoit sur notre Théâtre avec un panier tourné de la meilleure grace du monde, & auquel les efforts des Peuples qu'il venoit de combattre n'avoient pû faire prendre le moindre petit pli.

Rien n'étoit si comique que l'habit tragique. Au lieu de ces beaux casques qui décoroient si bien les anciens Guerriers, nos Comédiens, en voulant les représenter, portoient tout simplement des chapeaux à trois cornes, pareils à ceux dont nous nous servons dans le monde. Il est vrai que pour se donner un air plus extraordinaire, ils y ajoutoient des plumes, dont l'énorme hauteur les mettoit souvent dans le cas d'éteindre les lustres qui alors éclairoient la Scene, ou de crever les yeux à leurs Princesses en leur faisant la révérence. Ils portoient aussi des perruques assez semblables à nos perruques quarrées, des gands blancs, & des culotes bouclées & jarretées à la Françoise.

Les décorations étoient tachées des mêmes défauts : elles se bornoient à un misérable palais, à une triste campagne, à un appartement noir & enfumé.

Les lustres, qui, comme je viens de le dire, étoient accrochés sur nos Théâtres, donnoient fort souvent un démenti à certaines décorations. Comment se persuader, par exemple, que l'on étoit dans le camp d'Agamemnon, lorsque des chandelles suspendues au plafond venoient frapper les yeux & l'odorat des Spectateurs ? De quel front un Acteur pouvoit-il dire au milieu de ces nombreuses chandelles :

Enfin ce jour pompeux, cet heureux jour nous luit!

Eteignez donc vos lustres, auroit-on pû lui crier, *vous vous ruinez, & nous infectez mal-à-propos.*

Mais ce qui anéantissoit encore plus l'illusion, c'étoient les bancs qui garnissoient la Scene, & la foule des Spectateurs qui remplissoient le Théâtre. On ne sçavoit quelquefois si le jeune Seigneur qui alloit prendre sa place n'étoit point l'*Amoureux* de la Piece qui venoit jouer son rôle.

Le Comédien manquoit toujours son entrée : il paroissoit trop tôt ou trop tard, sortant du milieu des Spectateurs comme un *Revenant*; il disparoissoit de même sans qu'on s'apperçût de sa sortie.

Tous les grands mouvemens de la Tragédie ne pouvoient s'exécuter. Les coups de Théâtre étoient toujours manqués. Nos chefs-d'œuvres tomboient ou perdoient une partie de leur éclat & des éloges mérités aux travaux de leurs Auteurs. *Sémiramis* en a été une preuve bien convaincante. Cette Piece n'eût qu'un foible succès dans sa naissance, exactement par les raisons que je viens de dire; & elle est aujourd'hui une des plus solides colomnes du Palais de Melpomene.

Tels étoient les abus dont nous gémissions. Mais qu'étoit-ce en comparaison de ceux qui provenoient du faux goût dans la déclamation? Leur détail, qui n'auroit rien de nouveau pour vous, me meneroit trop loin. Vous avez assez fait éclater vos plaintes contre le chant monotone de nos *Tragédiens* (permettez-moi ce terme), contre leurs tons outrés, leurs cris & le froid général de leur action.

Combien de fois n'avons-nous pas ri aux larmes, en voyant qu'un Confident sans voix, sans geste, sans grace, & sçachant à peine prononcer, étoit mis à côté d'un Héros dont la voix bruyante faisoit ronfler pompeusement les vers. L'un étourdissoit, & l'on n'entendoit pas un mot de ce que disoit l'autre. Cette dissonance choquoit ; mais les Comédiens la croyoient nécessaire : ils appelloient cela les ombres de leur tableau.

Toutes ces fautes ont été réparées. Une Actrice célebre (1), après s'être réformée elle-même, a tenté de réformer ses camarades. Un Acteur (2)

(1) Mademoiselle CLAIRON.
(2) Monsieur LE KAIN.

qui réunit la force & le pathétique au plus sublime degré, a secondé ses efforts. Un grand Seigneur, plein de zele pour la gloire d'un Théâtre qu'il protege, les a appuyés de toute son autorité. Tout a changé de face; & s'il reste encore quelque chose à désirer, je ne doute pas que les soins que l'on apporte journellement ne nous amenent au point de la perfection, & ne nous fassent obtenir sur les Etrangers, par l'éclat de nos représentations, la supériorité que nos Pieces se sont dès long-tems acquises par leur mérite généralement reconnu.

Le Théâtre qu'on nomme Italien a donné aussi des marques d'émulation qui doivent nous faire concevoir d'assez solides espérances.

C'est une singuliere chose que ce

Théâtre Italien. Un Etranger, à la simple lecture de l'inscription qui est sur la porte, imagineroit n'y entendre que des Drames Italiens. Point du tout : il pourroit fort bien demeurer six mois à Paris sans entendre une seule Comédie Italienne. Car les Pieces en cette langue ne se jouent que les Mardis & les Vendredis. Or ces deux jours sont consacrés à l'Opera par les gens du bon ton, ou par ceux qui se piquent d'en être.

En récompense on y joue beaucoup en François. Le nombre des Acteurs Nationnaux l'emporte sur celui des Etrangers, & les Pieces Françoises sont les seules qui y réussissent. C'est, en un mot, un second Théâtre François.

A quoi sert donc, disent bien des gens, cette foule d'Acteurs Etrangers mêlés avec les nôtres, & que personne n'eſt curieux d'entendre ? Ne vaudroit-il pas mieux les renvoyer en leur Patrie, n'étant pas juſte qu'ils profitent de la peine & des talens de nos Compatriotes ?

Cette réflexion eſt bonne à bien des égards; mais il y auroit une eſpece d'injuſtice à l'adopter. Il ſeroit cruel que des gens à talens, qui ont tout ſacrifié pour venir nous amuſer, fuſſent trompés dans les eſpérances de fortune que nous leur avions données.

Il y auroit un moyen d'arranger les choſes à leur ſatisfaction & à la nôtre. Je vous l'expoſerai dans cette Lettre. Mais avant d'en venir là, ſouffrez que je vous marque ma ſurpriſe & ma joye de voir un concours de Spectateurs auſſi rare que celui que nous voyons aujourd'hui au Théâtre Italien.

Il est certain que les soins que l'on y a pris d'imiter le zele des Comédiens François, en consultant & remplissant les vœux du Public, doivent y avoir beaucoup contribué.

Cependant j'ai quelque sujet de craindre que cette affluence qu'on voit aux Italiens ne soit qu'instantanée. Ils pourroient retomber dans l'oubli dont la nouvelle décoration de leur Salle, quelques Acteurs & quelques Pieces les ont tirés. Leur fonds, qui est peu considérable, est épuisé ; ils ne subsistent que par des nouveautés, & les bonnes nouveautés sont rares.

Vous qui vous intéressez si fortement à eux, Monsieur, vous devez trembler que mes soupçons ne se réalisent.

Le grand moyen de prévenir leur ruine totale feroit cette réunion de l'Opera-Comique avec le Théâtre Italien, dont on parle depuis fi long-tems ; mais comme le plan en eft diverfement conçu, & fauffement imaginé, parce que la plûpart de ceux qui en raifonnent n'y prennent qu'un foible intérêt, il fe rencontre dans ce plan des vices qui en empêchent l'exécution. Je vais vous propofer mes idées.

J'ai penfé, depuis long-tems, qu'il falloit à Paris un Théâtre de pur agrément, où l'on pût quelquefois fe délaffer fans affervir fon efprit à fuivre une intrigue, ou à vérifier la peinture d'un caractere.

L'Opera auroit bien ces avantages ; mais il y a une infinité de perfonnes qui n'aiment point la mufique ; un plus grand nombre encore qui, même en l'aimant, bâillent aux Opera François. Ainsi ce Spectacle ne pourroit être d'une ressource générale; & par ces considérations, Monsieur, vous me permettrez de n'en faire qu'une légere mention dans un plan qui a pour but le goût universel de tous les Citoyens.

L'Opéra-Comique réuniroit assez les qualités que je demande; ce que je craindrois, ce seroit qu'on ne se lassât d'entendre pendant trois heures entieres un mêlange de Vaudevilles & de paroles assez foibles, auxquelles on ne prête sans doute attention que parce que ce Spectacle subsiste seulement quelques mois. Il fatigueroit assurément, si l'on étoit obligé de l'aller entendre pendant le cours de l'année.

Ce

Ce genre est pourtant agréable; mais il a besoin d'appui, & il n'en plairoit que mieux, si l'on y joignoit de bonnes Pieces d'un gros comique, des Farces proprement dites.

Pour cette association de genres, le Théâtre de la Comédie Italienne seroit très-convenable. Les Italiens ont chez eux des Comédies fort propres à remplir mes vues. Ainsi l'Opéra-Comique y étant transporté, on auroit assez l'espece de Spectacle de pur agrément dont je viens de parler.

Mais, dira-t-on, quelles sont ces Farces du fonds des Italiens que vous associerez aux Opéras-Comiques? Que deviendront leurs belles Pieces de Messieurs de Marivaux, Delisle & des autres? Que ferez-vous de leurs Parodies, & que deviendront leurs Comédies Italiennes?

Il m'eſt aiſé de répondre à ces queſ-tions. Prenons d'abord une idée nette du fonds des Pieces de ce Théâtre.

Il y a : 1°. Des Parodies chantées.

2°. Des Parodies récitées.

3°. Des Comédies Françoiſes en un Acte, aſſez plaiſantes, mais en petit nombre.

4°. Des Comédies Françoiſes en trois Actes, auſſi bonnes qu'elles ſont mal jouées.

5°. Des Tragi-Comédies en petit nombre, & dans le même cas de leurs Pieces en trois Actes.

6°. Des Comédies Italiennes non écrites, & qui ſe jouent à l'*impromptu*. La plûpart ſont de véritables Farces, telles que je les deſire pour mon projet.

Voilà donc les différentes eſpeces d'ouvrages dont eſt compoſé le Catalogue des Italiens. Voyons ce que l'on pourroit arranger à ce sujet.

Les Parodies chantées étant proprement des Opéra-Comiques, elles doivent être rangées dans leur classe & ne faire qu'une espece avec ce genre.

Les Parodies récitées peuvent se conserver & être mises au nombre des Farces Françoises que je prétends joindre aux Opéra-Comiques. Elles sont souvent très-plaisantes, & d'ailleurs elles ne se jouent qu'occasionnellement.

Les Pieces Françoises en un Acte, lorsqu'elles sont très-boufonnes, pourront se conserver. Elles seront dans la classe de ces Farces que je demande. Les autres seront rejettées, de quelque mérite qu'elles soient, & portées au Théâtre François, qui en échange donnera de ces grosses Farces qu'on y voit quelquefois, & qui sont indignes de la majesté de cette Scene.

Les Pieces Françoises en trois Actes seront aussi données au Théâtre de la Comédie Françoise, qui les recevra pour les Farces dont je viens de parler.

A l'égard des Comédies Italiennes à l'*impromptu*, on en conservera les canevas, en y faisant de très-grands changemens. Elles seront pour la plûpart réduites à un ou deux Actes. Tous les rôles seront joués en François. Les Acteurs Italiens se plieront à rendre leurs rôles à l'*impromptu* en notre langue. On fera un sort à ceux qui n'y pourront réussir.

Par cet arrangement ils ne seront point renvoyés dans leur Patrie, & le Public aura la satisfaction d'entendre ce qu'on lui jouera.

Ainsi le nouveau Spectacle sera donc composé chaque représentation de quatre Actes, & de trois genres différens; sçavoir :

D'une Piece Françoise à l'*impromptu*, en deux Actes; à laquelle on substituera cependant une Parodie récitée, quand quelque Tragédie nouvelle y donnera occasion.

D'une Farce Françoise apprise de mémoire, en un Acte.

Et enfin d'un Opéra-Comique en un Acte, ou d'une Parodie chantée, quand il y aura lieu.

Le tout suivi d'un Ballet.

Cette variété ne peut certainement produire qu'un effet très-piquant & très-agréable.

Quelques personnes peu habituées la Scene Italienne ignorent peut-être le mérite des Pieces en *impromptu*. Si elles le connoiſſoient, elles conviendroient que ce genre eſt bien digne d'être introduit chez nous. Le naturel & le feu dont il eſt ſuſceptible, doivent engager à l'y admettre.

Il eſt étonnant que la nation Françoiſe, qui ſe diſtingue d'une maniere ſi brillante du côté du Théâtre, ne connoiſſe point la Comédie en *impromptu*. Il eſt honteux pour elle que tous les Peuples de l'Europe ayent cette ſorte de Spectacle & qu'elle n'en connoiſſe pas les avantages; qu'aucun Ecrivain même juſqu'ici n'en ait fait ſentir l'agrément & l'utilité.

J'oſe dire que nous l'aimons ſans la connoître. La fureur que l'on a montrée pour les Parades du rempart en eſt une preuve bien certaine. Car ſi l'on a prêté quelqu'attention à ce miſérable batelage qui n'amuſoit que par la vérité de l'*impromptu*, à combien plus forte raison une Comédie adroitement tissue & pleine d'un sel que la vivacité Françoise ne pourroit manquer d'y mettre, seroit-elle en droit de nous plaire?

Ces Pieces seroient d'une grande utilité, même aux Auteurs. Ils y feroient essayer des canevas qu'ils se proposeroient d'écrire, & souvent ils y prendroient des idées sur l'art de filer le dialogue. Combien de fois Coraline & Arlequin, dans des Scenes où ils étoient absolument dans l'enthousiasme de leur situation, n'ont-ils point dit de choses que bien des Auteurs célebres auroient voulu trouver; ces Scenes sur-tout où ils peignoient des brouilleries d'Amans ou des querelles d'Epoux. Ils se livroient à toute la vérité de leur action. Rien n'étoit plus vif, plus piquant & plus naturel.

J'insiste donc fortement sur l'établissement de ce genre, en se servant d'abord des canevas Italiens, mais raccourcis; & laissant ensuite à nos Auteurs le soin d'en imaginer qui soient plus dans nos mœurs.

Quant aux Farces qu'il faudroit obtenir en échange des bonnes Comédies du Théâtre Italien, j'ai lieu de croire que les François ne pourroient que gagner à ce troc.

On en sera convaincu en voyant une partie des Pieces que j'offre pour celles que je demande, dans le détail qui suit.

Timon le Misantrope (1) *pour* les Fourberies de Scapin.

(1) *Timon le Misantrope* est une excellente Piece

Le Jeu de l'Amour & du Hazard (2) *pour* le Dédit.

La Mere Confidente (3) *pour* les Vendanges de Suresne.

La Surprise de l'Amour (4) *pour* le Moulin de Javelle.

La Coquette fixée (5) *pour* les Vacances.

L'Isle des Esclaves (6) *pour* Crispin Médecin.

en trois Actes de M. de l'Isle, mêlée de Divertissemens à chaque Acte.

(2) *Le Jeu de l'Amour & du Hazard* est une excellente Piece de M. de Marivaux, qui est prise de l'*Epreuve Réciproque* des François.

(3) *La Mere Confidente*, très-bonne Piece de M. de Marivaux.

(4) *La Surprise de l'Amour* est de M. de Marivaux. Elle est un peu inférieure à celle du Théâtre François qui porte le même titre; mais elle eut pourtant plus de succès dans sa nouveauté.

(5) *La Coquette fixée* est une Comédie bien écrite, attribuée à l'Abbé de V....

(6) L'*Isle des Esclaves* est de M. de Marivaux. C'est une Piece pleine de morale & très-amusante.

L'Epreuve (7) *pour* le Triple Mariage.

L'Ecole des Meres (8) *pour* le Deuil.

La jeune Grecque (9) *pour* le Mariage forcé.

Samson (10) *pour* le Médecin malgré lui.

Mélezinde (11) *pour* la Comtesse d'Escarbagnas.

(7) L'*Epreuve* est fort jolie. C'est une Comédie en un Acte, de M. de Marivaux.

(8) L'*Ecole des Meres* est excellente & du même Auteur M. de Marivaux.

(9) *La jeune Grecque* est attribuée à M. l'Abbé de V.... Elle est en trois Actes & en vers, peu comique ; mais très-intéressante.

(10) *Samson* est une Tragi-Comédie un peu foible de style ; mais bien conduite, & intéressante par son sujet si généralement connu. Romagnesi l'a traduite de l'Italien, & accommodée à son Théâtre.

(11) *Mélezinde* est une Tragi-Comédie. On l'a trouvée bien écrite & intéressante. On ne lui a reproché d'autre défaut que celui d'être jouée par les Comédiens Italiens. C'est, disoit-on, un bon arbre planté dans un terrein ingrat.

La Vie est un Songe (12) *pour* les Précieuses ridicules.

&c. &c. &c. &c.

Enfin, Monsieur, sans entrer dans un plus long détail, il est aisé de voir que les François seroient bien éloignés de perdre à cet échange, & que les Italiens de leur côté y gagneroient, parce qu'ils pourroient jouer convenablement toutes les Pieces dont ils seroient en possession.

On verroit alors comme renaître de leurs cendres une foule d'excellentes Pieces, à qui il ne manque que l'art & la chaleur de nos Acteurs François pour les ranimer & leur donner une nouvelle vie.

J'oubliois de vous dire qu'il seroit

---

(12) *La Vie est un Songe* est une Tragi-Comédie de M. de Boissi, en partie traduite de l'Italien & en partie d'invention. Les Espagnols prétendent que les Italiens la tiennent d'eux.

nécessaire que quelques-uns des meilleurs Sujets de l'Opéra-Comique passassent au Théâtre Italien. On y trouveroit plusieurs avantages ; car on pourroit les adapter à d'autres emplois que ceux qu'ils remplissent à la Foire. Il y en a parmi eux qui jouent certains rôles de Comédie d'une maniere très-satisfaisante.

A l'égard des Directeurs de l'Opéra-Comique, on leur feroit un sort honnête & proportionné aux avantages qu'ils perdroient.

Voilà, Monsieur, un léger crayon de mes idées. Je vous les détaillerai davantage à la premiere entrevue, & je serai en état de répondre à toutes vos objections, si vous en avez quelques-unes à me faire.

Votre peu de goût pour les Spectacles forains vous doit faire recevoir avec plaisir un projet qui favorise ceux de la Ville. Il restraindra Paris à trois Théâtres, dont deux de Comédie & un d'Opéra. Car je suis très-opposé au sentiment de quelques gens de mauvaise humeur qui voudroient voir abolir notre Opéra, parce que la musique n'en est pas si bonne que celle des Opéra Italiens. Il réunit d'autres agrémens qui dédommagent de la foiblesse de sa musique. Les danses y sont parfaites & les décorations en sont très-belles.

On aura donc en suivant ce que je propose :

Un Spectacle tout de musique pour les amateurs de cet art.

Un Spectacle pour la Tragédie & la bonne Comédie.

Et enfin un Spectacle d'agrément & de frivolité, où l'on pourra rire, entendre des chansons & voir des danses.

Examinez, je vous supplie, Monsieur, toutes ces idées. Elles ne sont que l'expression des desirs de la plus saine partie du Public. Vous m'en direz votre sentiment avec votre franchise ordinaire.

D'autres que vous, sans lire ce grifonnage jusqu'à la fin, diroient, en le jettant de côté : A quoi servent ces projets de réformation ? Fussent-ils les meilleurs du monde, l'Auteur peut-il espérer d'être écouté.

Oui, sans doute, & bien des événemens nous prouvent qu'on montre assez d'égard, dans ce siécle, à ce qui paroît être le vœu général de la Nation. J'en pourrois apporter bien des preuves. Je me bornerai au seul exemple du rétablissement du vieux Louvre. Un Auteur s'eſt aviſé d'écrire ce que penſoient dix mille Citoyens; ceux qui gouvernent ont lû l'ouvrage, le peryſtile de Perrault eſt ſorti de deſſous les ruines qui le couvroient.

Mais qu'on faſſe à cet écrit l'accueil qu'on voudra, j'aurai toujours rempli mon devoir de Patriote, en propoſant une choſe utile. Mon zele ayant agi, je n'aurai point de reproches à me faire, & je me conſolerai facilement.

Les ſublimes politiques du Palais-Royal ſe conſolent bien du peu de cas que l'on fait de leurs brillantes ſpéculations. Ces grands hommes, ſi ſçavans en Hiſtoire, en Géographie, en Tactique, auroient pourtant bien ſujet de ſe plaindre. Ils tracent leurs plans ſur le ſable, les pieds qui les foulent en effacent l'empreinte, leurs travaux font perdus, leurs noms font ignorés; leurs cannes mêmes, ces inſtrumens de leur gloire, & leurs mémorables perruques, ces objets de notre vénération, flottent & périſſent, avec eux, dans l'océan immenſe de l'oubli.

Après un tel exemple, Monſieur, il ne me reſte d'autre eſpérance que celle de vivre dans votre mémoire, & d'autre plaiſir que celui de vous aſſurer des ſentimens éternels de reſpect & d'attachement avec leſquels je ſuis,

Monsieur,

Votre très-humble & très-obéiſſant ſerviteur.
L. B. de Schosne.

www.ingramcontent.com/pod-product-compliance
Lightning Source LLC
Chambersburg PA
CBHW060603050426
42451CB00011B/2060